Arquitectos Mexicanos

Expresión de vida

Arquitectos Mexicanos

Expresión de vida

EDICIÓN
Fernando de Haro
Omar Fuentes

AUTORES *AUTHORS*

Fernando de Haro y Omar Fuentes

DISEÑO Y PRODUCCIÓN EDITORIAL *EDITORIAL DESIGN & PRODUCTION*

ARQUITECTOS EDITORES MEXICANOS

DIRECCIÓN DE PROYECTO *PROJECT MANAGER*

Valeria Degregorio Vega
Martha P. Guerrero Martel

COLABORADOR *CONTRIBUTOR*

Mónica Escalante Cervantes

CORRECCIÓN DE ESTILO *COPY EDITOR*

Abraham Orozco González

TRADUCCIÓN *TRANSLATION*

Dave Galasso

© 2002, Fernando de Haro y Omar Fuentes

Segunda Edición: 3,000 ejemplares

Arquitectos Mexicanos Editores S.A. de C.V.
Paseo de Tamarindos #400 B, suite 102,
Col. Bosques de las Lomas, C.P. 05120,
México, D.F. Tels. 52(55) 5258-0279,
Fax.52(55) 5258-0556
E-mail: armex@armexedt.com.mx
www.arquitectura.com.mx

ISBN 968-5336-04-0

Ninguna parte de este libro puede ser reproducida,
archivada o transmitida en forma alguna o mediante
algún sistema, ya sea electrónico, mecánico o de
fotorreproducción sin la previa autorización de
los editores.

Impreso en Hong Kong, Toppan Printing Company.

pp. 2, 3 y 5 Jaime Guzmán y Fernando Ogarrio.
Fotógrafo - photographer. Héctor Velasco Facio
pp. 4 y 8 Javier Sordo Madaleno.
Fotógrafo - photographer. Sebastián Saldivar.
pp. 6 y 7 Marco Rocha Ochoa.
Fotógrafo - photographer. Luis Gordoa
p. 9 Ricardo Legorreta, Víctor Legorreta y Noé Castro.
Fotógrafo - photographer. Lourdes Legorreta

CONTENIDO
CONTENTS

12 **INTRODUCCIÓN**
   INTRODUCTION

ARQUITECTOS
ARCHITECTS

17   Jorge Adler Zaslav

25   Guillermo Almazán Cueto • Gerardo Varela Elizondo

33   Jaime Arena Cervantes

41   Mario Armella Maza • Mario Armella Gullette

49   Alex Carranza Valles • Gerardo Ruiz Díaz

57   Fernando de Haro Lebrija • Jesús Fernández Soto • Omar Fuentes Elizondo

65   Rodrigo de la Peña Larralde

73   José de Yturbe Bernal

81   Jorge Escalante Pizarro • Pedro Escobar Fdz. de la Vega

89   Federico Gómez Crespo A. • Federico Gómez Crespo G.

97   Francisco Guzmán Giraud • Alejandro Bernardi Gallo

105 Jaime Guzmán Giraud • Fernando Ogarrio Kalb

113 Ricardo Legorreta Vilchis • Víctor Legorreta Hernández • Noé Castro Castro

121 Francisco López Guerra

129 Fernando Martínez Berlanga

137 José Miguel Monroy Stratil • Antonio Carrera • Jorge Carrera

145 Genaro Nieto Ituarte

153 Alejandro Rivadeneyra Herrera

161 Marco Rocha Ochoa

169 Javier Sordo Madaleno

177 Enrique Zozaya Díaz

185 **DIRECTORIO**
     DIRECTORY

INTRODUCCIÓN
INTRODUCTION

Desde 1998, la serie Arquitectos Mexicanos ha mostrado al público interesado las diferentes maneras de ver el arte de la construcción de generaciones de profesionales que han conquistado un nombre en el horizonte arquitectónico de México. La revisión de esta muestra proporciona un revelador recorrido a través del cambio de conceptos, de la diversidad en el manejo del espacio, de la transformación y sofisticación del diseño, y de la adopción de nuevas técnicas y materiales.

Arquitectos Mexicanos, *Expresión de vida*, continúa con esta labor convocando a más de 30 arquitectos e incluye, tanto a los profesionales más jóvenes y prometedores del gremio, como a quienes gozan ya de un consolidado prestigio producto de años de brillante trabajo.

Tanto en el terreno arquitectónico como en el del diseño de interiores, muchas de las obras que hemos seleccionado para conformar esta muestra han conquistado reconocimientos internacionales. Todas constituyen, además, un testimonio gráfico de los mejores logros de la arquitectura mexicana de fines de siglo. Por eso, en sus páginas destacan el color, la funcionalidad y la estética, el diseño y la forma, las texturas, las luces y las sombras de una colección de espacios que hoy se integran al paisaje de México.

La nueva obra de esta colección, confirma una vez más el prestigio y la reputación de la arquitectura mexicana en el mundo, proporcionando una visión estética producto de la multiplicidad. Esta serie de expresiones individuales y ese pluralismo parecen ser las características esenciales de la arquitectura

Since 1998, the «Mexican Architects» series has been dedicated to presenting different ways of looking at the art of design and construction created by professionals who have conquered a name on Mexico's architectural horizon. Each volume of the ongoing «Mexican Architects» series represents a passionate journey through evolving concepts, diverse visions for handling space, and the adoption of new ideas and materials.

Mexican Architects, Life Expressions, *carries forward this effort by presenting the creations of more than 30 Mexican architects; which include some of the country's youngest and most promising, as well as those who have established a solid reputation for their brilliant work.*

While many of the projects we have selected for this book have won international architectural and interior design awards, they all represent the best in turn-of-the-century Mexican architecture. As such, we have taken great care to highlight their use of color, texture, light and shadow, esthetics and functionality, form and design.

con la que el país termina un siglo para mirar al siguiente.

Pero esta visión no estaría completa sin la mirada de un cómplice esencial, el fotógrafo. Este profesional, entrenado y sensible para descubrir las luces y las sombras, los ángulos dramáticos y los rincones ocultos, contribuye con su lente a descubrir la arquitectura de una manera distinta.

Arquitectos Mexicanos, *Una expresión de vida,* reúne, como siempre, la labor de fotógrafos destacados que, a lo largo de su trayectoria profesional, han develado la riqueza visual de los materiales al ojo menos entrenado. También han aprendido a observar un muro, una fachada o el interior de un gran edificio, a veces desde una perspectiva insospechada incluso para el arquitecto mismo.

Esperamos pues que este volumen constituya un compendio enriquecedor para la historia de la arquitectura mexicana. Como compiladores hemos puesto toda nuestra energía y conocimiento para reunir los mejores momentos de la arquitectura.

Fernando de Haro y Omar Fuentes
Autores.

This new title in the series reconfirms the prestigious reputation of Mexican architecture throughout the world, providing a diverse collection of visually esthetic, fresh, pluralistic expressions that best characterize the vision Mexico is carrying forward into a new century.

However, this vision wouldn't be complete without the contribution of the photographer to share it with us. Through the lens, their keen professional eye can capture lights and shadows, dramatic angles and hidden niches that allow us to see architecture in a completely different way.

As in each of our previous books, Mexican Architects, Life Expressions, *consolidates the efforts of outstanding photographers that, whom have skillfully revealed a world of visual wealth to the less trained eye, by capturing a wall, exterior or interior from a unique perspective that often surprises even the architect.*

We hope that you enjoy this latest in our ongoing Arquitectos Mexicanos series, and that it will contribute to enhancing your appreciation of Mexican architecture, as well as the rich legacy upon which it is built.

Fernando de Haro & Omar Fuentes
Authors.

P. 10 Fernando de Haro, Jesús Fernández, Omar Fuentes.
FOTÓGRAFO - PHOTOGRAPHER. Luis Gordoa
PP. 12, 13 Y 15 Francisco Guzmán y Alejandro Bernardi.
FOTÓGRAFO - PHOTOGRAPHER. Héctor Velasco Facio
P. 14 Alejandro Rivadeneyra.
FOTÓGRAFO - PHOTOGRAPHER. Luis Gordoa

JORGE ADLER ZASLAV

El desarrollo de Jorge Adler como arquitecto, lo ha llevado a considerar el aspecto humano como la base inicial de cualquier proyecto, por esa razón tiene especial cuidado de mantener la correcta escala y la proporción tanto en el exterior como en el interior de sus obras.

La iluminación y el juego de volúmenes son una constante en los proyectos del despacho de ADLER ARQUITECTOS, que incluyen residencias, clubes hípicos, comercios y oficinas tanto en México como en los Estados Unidos, y en todos ellos se observa una tendencia hacia lo contemporáneo, un estilo propio y una manera clara y limpia de manejar los espacios.

Jorge Adler's growth path as an architect has guided him to the commitment that the human aspect is the starting point for any project. We see this reflected in the special care he exercises in achieving the right scale and proportion for his exteriors and interiors.

Lighting and the play of masses are constants in the projects of ADLER ARQUITECTOS, which include residences, equestrian clubs, commercial spaces and offices both in Mexico and the U.S., all of his works demonstrate a signature contemporary tendency defined by a clear, clean way of handling spaces.

pp. 17 a 23 Casa Hacienda Santa Fe, Fotógrafo - photographer. Luis Gordoa

GUILLERMO ALMAZÁN CUETO
GERARDO VARELA ELIZONDO

Guillermo Almazán y Gerardo Varela, ambos de la Universidad Iberoamericana, fundaron el GRUPO INMOBILIARIO ALCO, en 1992. Además de residencias individuales, han desarrollado conjuntos horizontales, edificios de oficinas, comercios y locales comerciales. En cada proyecto se percibe el intento de lograr la integración de una arquitectura de vanguardia con las raíces y formas de la arquitectura tradicional mexicana.

Su premisa principal es entender las necesidades del cliente e interpretarlas de una manera sencilla y elegante, con una arquitectura que se basa en el uso de elementos tradicionales como la cantera, la madera, los aplanados de cemento y las tejas de barro.

Guillermo Almazán and Gerardo Varela formed GRUPO INMOBILIARIO ALCO in 1992 after graduating from the prestigious Universidad Iberoamericana in Mexico City.

In addition to quality homes, they have designed and built horizontal complexes, office buildings, stores and commercial locals. Each project shows a commitment to integrating contemporary design with the best of traditional Mexican architecture.

Their work is guided by an intimate understanding of the customer's needs then expressed in a simple yet elegant manner based on the use of traditional elements like handcrafted stonework, wood, textured cement surfaces and clay tile roofs.

pp. 25 y 31 Casa Cruz Verde, México, D.F.
p. 26 Casa Los Apantles, México, D.F.
pp. 27 a 29 Casa Novoa, México, D.F.
p. 30 Casa Alamos, México, D.F. Fotógrafo - photographer. Paul Czitrom

JAIME ARENA CERVANTES

La arquitectura de JAIME ARENA despliega volúmenes que emanan de las antiguas haciendas de los siglos XVIII y XIX para fundirse en un hábitat de fin del milenio, siempre basado en materiales naturales que se confunden e interactúan con los espacios amplios y funcionales que demandan hoy en día las grandes residencias. Estructura de madera en techos y cerramientos; cantera, herrería, juegos de la luz entre los espacios para dar mayor amplitud visual; muros anchos, dobles alturas, volumetría limpia y sencilla.

Creando grandes espacios para vivir desde 1991, Jaime Arena ha logrado capturar la luz equilibrándola con los materiales, armonizando con el paisaje y con el contexto que rodea su obra. Egresado de la Universidad Iberoamericana, Jaime Arena es una realidad que busca mejorar el paisaje del Valle de México.

The architecture of JAIME ARENA merges the substantive mass and grandeur of Mexico's 18th and 19th century haciendas into contemporary, new millennium habitats that freely use natural materials and seamlessly blend and interact with the need for functional, expansive spaces in today's large residences. Consistent themes in his work are; wooden ceilings and exposed heavy beams, handcrafted stonework, decorative iron details, the skillful use of light between spaces for a sense of greater visual amplitude, thick walls, double heights and clean, simple volume.

Creating elegant living spaces since 1991, Jaime Arena has a gift for capturing light, balancing it with materials and harmonizing the overall effect with the surroundings. A graduate of the Universidad Iberoamericana, Jaime Arena is driven by a passion to beautify the Valley of Mexico.

pp. 33 a 39 Casa La Pepa, Fotógrafo - photographer. Jordi Farré

MARIO ARMELLA MAZA
MARIO ARMELLA GULLETTE

Desde 1950 la firma se ha dedicado al proyecto y construcción de casas habitación y edificios de departamentos. También ha realizado proyectos de centros comerciales, hoteles y condominios horizontales.

"En cada proyecto, sean obras nuevas o remodelaciones, hemos buscado hacer una arquitectura humana y mexicana; crear interés y lograr diferenciación de los espacios interiores, volumetría en los exteriores en armonía con el entorno; colores, texturas y materiales que definan perfectamente las líneas".

Todo ello en estrecha colaboración con el cliente para personalizar cada proyecto y lograr la funcionalidad y comodidad de los espacios arquitectónicos.

Since 1950 Armella Arquitectos has primarily been dedicated to the design and construction of quality homes and apartment buildings. During this time the firm has also done shopping malls, hotels and horizontal complexes.

"Whether starting fresh or remodeling, each project is guided by our pursuit to achieve a very human Mexican architecture; to stimulate interest and create differentiation among interior spaces; to harmoniously balance the exterior mass with the surroundings; to use colors, textures and materials that perfectly define lines."

Working in close collaboration with the homeowner or client, Armella Arquitectos personalizes each project by artfully blending functionality and comfort into their spaces.

pp. 41 a 47 Casa San Carlos, México, D.F. Fotógrafo - photographer. Alberto Moreno

ALEX CARRANZA VALLES
GERARDO RUIZ DÍAZ

Para los integrantes de TARME, cada proyecto es único, el desafío que experimentan constantemente, además de las condiciones del terreno y el entorno, es el de comprender las funciones y los anhelos de sus clientes. El objetivo de la firma al diseñar con diferentes lenguajes arquitectónicos, es el de encontrar una solución estética distinta, de acuerdo con la personalidad del usuario.

Desde su punto de vista, existen innumerables soluciones para crear un espacio, lo importante es que cumpla con su cometido, que no siempre tiene que ser funcional pues en ocasiones es más importante lo sensitivo o lo estético. En esa búsqueda no dudan en recurrir a diferentes formas o al uso de materiales que al mezclarse con la luz y el color permitan crear un ambiente grato, donde el cliente seguramente espera pasar los mejores años de su vida.

For the members of the architectural firm TARME, each project is unique not only in the set of challenges presented by the property and environment, but also as to the best way to fulfill the client's spatial needs and dreams. To achieve this objective the firm uses different architectural languages that translate into a distinctive esthetic solution in line with the user's personality. The architects at Tarme believe there are a limitless number of solutions for creating a space. However, all design decisions are guided by the project's main purpose; which at times can be functional, while at others more sensitive or esthetic. As part of the process they freely draw upon different forms and materials that, when mixed with light and color, allow them to create a pleasant atmosphere where the homeowner probably hopes to spend the best years of their life.

pp. 49 a 52 Casa en Santa Fe, México, D.F.
p. 53 Casa Muro, México, D.F.
pp. 54 y 55 Casa en las Lomas, México, D.F. Fotógrafo - photographer. Luis Gordoa

FERNANDO DE HARO LEBRIJA
JESÚS FERNÁNDEZ SOTO
OMAR FUENTES ELIZONDO

ABAX es una firma fundada por Fernando de Haro en 1982. Desde sus inicios ha marcado su paso a través de talentosos proyectos arquitectónicos en diversas ramas de la arquitectura, tales como habitacional, hotelera, corporativa y recreacional. En la actualidad comparte el liderazgo de Abax S.A de C.V. con Jesús Fernández Soto y Omar Fuentes Elizondo junto con quienes ha logrado posicionarse entre los mejores despachos de arquitectura habitacional, obteniendo exitosamente un impacto de bienestar y confort en la vida de aquellos que las habitan.

Since the design firm ABAX was founded in 1982 by Fernando de Haro, the company has continued to make its mark with talented, signature solutions in the areas of residential, hotel, corporate and recreational architecture.

With leadership being shared today with Jesús Fernández Soto and Omar Fuentes Elizondo, the firm has achieved a consolidated position as one of the best design firms for the type of residential architecture that positively impacts the well being and comfort of each home's inhabitants.

pp. 57 a 62 Casa en la Punta, México, D.F.
p. 63 Casa en Santa Fe, México, D.F., Fotógrafo - photographer. Luis Gordoa

RODRIGO DE LA PEÑA LARRALDE

A su regreso a México, luego de cursar una maestría en una prestigiosa institución londinense, RODRIGO DE LA PEÑA se incorpora a la actividad profesional, en 1999, con una nueva faceta en su trabajo que incluye proyectos de arquitectura residencial, comercial e industrial.

La característica principal de sus obras es la sobriedad formal, la eliminación de elementos decorativos, el aprovechamiento de la luz natural indirecta y el uso de materiales naturales que no contrasten o comprometan la línea definida del edificio. Las estructuras de que se vale más comunmente son las losas esbeltas y flotadas, es decir que sobresalen del perímetro, sostenidas con elementos metálicos, que hacen al edificio más ligero visualmente.

Upon his return to Mexico from studying for his Master's Degree at a prestigious school in London, Rodrigo de la Peña started his professional practice in 1999 with a new perspective on residential, commercial and industrial architecture.

The identifying features of his work are a formal sobriety, the absence of decorative elements, the skillful use of indirect natural light, and the integration of natural materials that neither contrast with, nor compromise the defined line of the building. Frequently found in his works are svelte, floating stone slabs suspended from the face of the construction to give it a lighter visual look.

PP. 65 A 71 Jardines del Paseo, Monterrey, Nuevo León, Fotógrafo - photographer. Jorge Tabuada M.

JOSÉ DE YTURBE BERNAL

Luz, forma, color y contraste, son elementos característicos de la arquitectura de José de Yturbe que al combinarse, se mezclan con el entorno natural para formar un concepto integral donde la intimidad, la serenidad y la más amplia gama de actividades recreativas se armonizan y dan constancia viva de su soberbio lenguaje arquitectónico.

El despacho DE YTURBE ARQUITECTOS en su afán de globalizarse y de estar a la vanguardia del diseño arquitectónico, amplía sus horizontes para satisfacer las demandas de un mercado en crecimiento.

When José de Yturbe combines light, form, color and contrast -the design elements that best characterize his architectural style- he does so in a way that melds with the surrounding natural environment to achieve a unified concept of intimacy, tranquility and recreation.

DE YTURBE ARQUITECTOS' global vision and commitment to maintaining its position at the forefront of architectural design has guided the firm to continually expand its horizons to meet the demands of an ever growing market.

PP. 73 A 79 Casa en Lomas de Chapultepec, México, D.F., FOTÓGRAFO - PHOTOGRAPHER. Arturo Zavala Haag

JORGE ESCALANTE PIZARRO
PEDRO ESCOBAR FDZ. DE LA VEGA

Jorge Escalante Pizarro y Pedro Escobar Fernández de la Vega se graduaron con mención honorífica de la Universidad Iberoamericana y recibieron además un premio especial por su trabajo de titulación. Actualmente forman parte del consejo directivo de la Sociedad de Arquitectos de la UIA.

En 1996 inician formalmente su trabajo profesional con la constitución de la firma GRUPO ARQEE, dedicada principalmente al diseño arquitectónico y la construcción. El trabajo de este grupo se caracteriza por imprimir a sus obras el sentido de una arquitectura mexicana de vanguardia, mediante el uso de estructuras y materiales contemporáneos, como el acero, en combinación con el manejo de los espacios característico de la arquitectura mexicana tradicional: patios, fuentes de iluminación, grandes alturas, volúmenes puros y el uso de materiales como barro, madera y piedras naturales.

Jorge Escalante Pizarro and Pedro Escobar Fernández de la Vega graduated with honors from the Universidad Iberoamericana and received a special award for their graduation project. They currently form part of the university's prestigious Architects' Society, as member of the Board of Directors.

Both architects formally began their professional careers with the creation of GRUPO ARQEE in 1996, a firm dedicated mainly to architectural design and construction. This group's work is profiled as vanguard Mexican architecture owing to the use of contemporary structures and materials like steel, with traditional features of Mexican architecture, such as patios, light sources, great heights, pure mass, and natural materials like clay, wood, and stone.

PP. 81, 83 Y 84 Casa Vistahermosa, Cuernavaca, Morelos, México.
PP. 82, 85 Y 86 Casa Quesada, México, D.F.
P. 87 Casa Juárez, México, D.F. FOTÓGRAFO - PHOTOGRAPHER. Jordi Farré

FEDERICO GÓMEZ CRESPO A.
FEDERICO GÓMEZ CRESPO G.

El taller de GÓMEZ CRESPO ARQUITECTOS cuenta con una experiencia exitosa de más de cuarenta años, y la incorporación de Federico Gómez Crespo G., hace unos años, le ha permitido tener una destacada presencia dentro de las tendencias contemporáneas. El grupo ha extendido su labor hasta Sudamérica, donde ha realizado proyectos innovadores, representativos de la arquitectura mexicana actual.

Su propuesta consiste en generar conceptos de mucha simplicidad, sin abandonar la intensidad creativa característica de su estilo. Las constantes son el equilibrio entre función y forma, el diseño minucioso del detalle y la utilización de columnas, vigas o morillos aparentes. El elemento que sintetiza sus obras es la composición de interiores confortables y cálidos logrados con materiales naturales como madera y piedra, una notable presencia del agua y el uso de distintas texturas y juegos de luz y sombra.

Building on over 40 years of successful experience, the design firm of GÓMEZ CRESPO ARQUITECTOS gained a notable boost in contemporary trends when Federico Gómez Crespo G. joined its ranks seven years ago. The group has expanded to South America where it is developing innovative projects representative of Mexican architecture today.

Their vision consists of generating very simple concepts without abandoning their intensely creative style. Constants are the balance between function and form, the meticulous care to detail and the use of columns and exposed beams. The element that binds all of their works together is the design of warm, comfortable interiors with natural materials like wood and stone, a notable presence of water, the use of contrasting textures and the skillful use of light and shadow.

pp. 89 a 95 Casa en Contadero, Fotógrafo - photographer Basilisco Editores.

FRANCISCO GUZMÁN GIRAUD
ALEJANDRO BERNARDI GALLO

Desde el momento en que FRANCISCO GUZMÁN y ALEJANDRO BERNARDI decidieron asociarse, se impusieron el compromiso de crear espacios acogedores, que llenaran las expectativas de sus clientes, no sólo desde el punto de vista estético, sino también funcional.

El rasgo distintivo de sus casas es que proyectan su esencia hacia el interior, como un acto de defensa hacia la hostilidad del exterior. Muestran inclinación por las líneas y acabados limpios, que no distraigan la atención del elemento que consideran más importante: el espacio. El toque de emotividad en los espacios lo consiguen con la sobreposición de formas y volúmenes, con cambios en las alturas y matices controlados en la iluminación, con el recurso de la transparencia y el uso de una amplia gama de elementos como domos y bóvedas.

From the moment Francisco Guzmán and Alejandro Bernardi decided to partner, they gave impulse to a commitment to create warm, comfortable spaces that would meet the expectations of their clients, both esthetically and functionally. The distinctive trait of their designs is how the essence of the home is projected inward, as if in defense against the hostile world.

They show a clear preference for clean lines and finishes that don't distract from what they feel is most important: The space. The emotional impact of the spaces is achieved through the superimposition of form and volume, contrasts in heights, controlled lighting nuances, the use of transparency and the application of a broad range of elements such as domes and vaulted ceilings.

pp. 97 a 99 Casa Izar 1, Valle de Bravo, Edo. de México.
pp. 100 y 101 Casa Izar 2, Valle de Bravo, Edo. de México
pp. 102 y 103 Casa Bosques de las Lomas, México, D.F. Fotógrafo - photographer. Luis Gordoa.

JAIME GUZMÁN GIRAUD
FERNANDO OGARRIO KALB

Para JAIME GUZMÁN GIRAUD, egresado de la Universidad Autónoma de México y de la Escuela de Bellas Artes de París, y FERNANDO OGARRIO KALB, de la Universidad Iberoamericana, la arquitectura contemporánea, como cualquier otro producto en nuestros días, no es sino la síntesis personal de cada arquitecto o diseñador de la suma de experiencias en la búsqueda de formas y espacios a través de la historia. En esa capacidad de síntesis radica la calidad de cada creador.

«Las innovaciones y las propuestas honestas de actualización a la tradición histórica, hacen que nuestra arquitectura sea única y original en formas y espacios; es una arquitectura que no se basa en la copia, sino en nuevas propuestas y aportaciones a la herencia histórica, como una forma de encontrar la solución más adecuada en las condiciones que impone el medio».

For JAIME GUZMÁN GIRAUD -graduate of the Universidad Autónoma de México and the School of Fine Arts in Paris- and FERNANDO OGARRIO KALB -graduate of the Universidad Iberoamericana- contemporary architecture, like any other product today, is the personal synthesis of each architect's or designer's sum of experiences in the pursuit of spaces and forms through history. The ability to integrate defines the quality of each creator.

«The candid, innovative proposals for incorporating historical tradition into contemporary solutions is what makes our architecture so unique and original in both form and space. It is not an architecture based on imitation, but rather on new ways of building on our rich historic legacy as a means to finding the best solution for each project».

pp. 105, 110 y 111 Casa San Jerónimo, México, D.F.
pp. 106 a 109 Casa en Jajalpa, Edo. de México. Fotógrafo - photographer. Héctor Velasco Facio

109

RICARDO LEGORRETA VILCHIS
VÍCTOR LEGORRETA HERNÁNDEZ
NOÉ CASTRO CASTRO

A lo largo de más de 30 años de trabajo profesional, el despacho LEGORRETA + LEGORRETA ha logrado mantener el objetivo de crear una arquitectura de alta calidad, inspirada en la cultura mexicana, pero al mismo tiempo universal y contemporánea. Por esa persistencia, la firma goza hoy de un reconocimiento internacional que le permite realizar proyectos importantes en diferentes ciudades de los Estados Unidos, Sudamérica y el Medio Oriente, tanto para instituciones gubernamentales como privadas.

La incorporación, hacia principios de la década de los noventa, de Víctor Legorreta al frente de un grupo de jóvenes arquitectos, ha dado lugar a una exitosa combinación entre la madurez y la juventud, de la que surgen proyectos sólidos y consistentes, con nuevas propuestas y el uso de avances tecnológicos, pero siempre con la personalidad que ha distinguido a la firma.

For over 30 years the design firm LEGORRETA + LEGORRETA has remained faithful to its vision of creating high quality architecture that is inspired by traditional Mexican culture, yet universal and contemporary. International recognition of the company's unwavering commitment to excellence has led to numerous public and private projects in the U.S., South America and Middle East.

When the founder's son, Víctor Legorreta, joined the firm in the early 90s to head of a group of young architects, a vigorous synergy between veteran pro and youthful enthusiasm resulted. While this combination continues to generate fresh, solid projects and the use of technological advances, the hallmark personality that distinguishes the firm always remains clear and present.

pp. 113, 115 a 117 Casa La Cruz, México, D.F.
pp. 114, 118 y 119 Casa Zermeño, México, D.F. Fotógrafo - photographer. Lourdes Legorreta

FRANCISCO LÓPEZ GUERRA ALMADA

En 1972, Francisco López Guerra retomó la tradición arquitectónica iniciada por su padre cuando éste fundó el despacho LÓPEZ-GUERRA ARQUITECTOS, en los años treinta. El ejercicio profesional de López Guerra abarca el diseño y construcción tanto de casas-habitación, edificios para oficinas, obra pública, centros comerciales y, en años recientes, museos y espacios museográficos. Trabajos que, en ocasiones, han sido el resultado de su participación en concursos.

No obstante la diversidad de géneros que este arquitecto ha manejado en 25 años de labor profesional de gran calidad, conviene destacar la pasión que tiene por el diseño de casas habitación.

Armonía y equilibrio entre los elementos arquitectónicos, la creación de espacios cálidos y acogedores en los que la luz juega un papel fundamental, así como la íntima y afortunada penetración de la naturaleza en los espacios construidos, son algunas de las principales características de la obra de este arquitecto.

In 1972 Francisco López Guerra picked up the fine architectural tradition begun by his father in the 30's when he founded the firm LÓPEZ-GUERRA ARQUITECTOS.

Francisco López-Guerra's professional experience ranges from the design and construction of homes to office buildings, urbanization projects, shopping malls and, in recent years, museums and related exhibition spaces -jobs that have occasionally resulted in his participation in public bids. Characterized by the high quality solutions he has provided in a broad range of genres during his 25 year practice, his real passion is home design.

Some of the consistent features in this architect's work are harmony and balance among architectural elements, the creation of warm, comfortable spaces in which light plays a fundamental role, and the intimate sense of living outside inside.

pp. 121 a 127 Casa Club de Golf Malinalco, Fotógrafo - photographer. Michael Calderwood

FERNANDO MARTÍNEZ BERLANGA

FERNANDO MARTÍNEZ BERLANGA, dedicado desde hace más de diez años al desarrollo de proyectos residenciales y casas de descanso, tiene como objeto proyectar espacios en los que se refleje un absoluto respeto por las necesidades del usuario y la naturaleza del entorno.

En su obra se entrelazan la elegancia y funcionalidad con una tendencia recurrente a armonizar los espacios interiores y exteriores. El contraste de los materiales naturales y los elementos estructurales, complementado por un juego de iluminación, natural y artificial, crea un equilibrio visual y espacial entre el contorno arquitectónico y el entorno natural.

Devoted for more than a decade to creating stylish residences and weekend homes, FERNANDO MARTÍNEZ BERLANGA always designs his spaces to reflect an absolute respect for the needs of the user and the environment.

His work artfully intertwines elegance and functionality with a recurring tendency to achieve a harmonious outside-inside relationship. The contrast of natural materials with structural elements in his work, complemented by a play on natural and artificial lighting, creates a unique visual-spatial equilibrium between architecture and nature.

PP. 129, 134 Y 135, Casa Club de Golf Bosques, México, D.F.
PP. 130 A 133, Casa en Cuernavaca, Morelos. FOTÓGRAFO - PHOTOGRAPHER. Jordi Farré

JOSÉ MIGUEL MONROY STRATIL
ANTONIO CARRERA
JORGE CARRERA

Los trabajos que surgen de la colaboración del taller de MONROY ARQUITECTOS con MCA Proyecto y Construcción, se caracterizan porque contienen elementos de la arquitectura tradicional mexicana. La belleza, la funcionalidad y el respeto por la naturaleza son la base de cada proyecto.

Enfocados a diferentes géneros arquitectónicos, los trabajos de este equipo reflejan sensibilidad para armonizar su arquitectura con el entorno y para lograrlo aprovechan el aspecto natural de los materiales tradicionales y permiten que sean los volúmenes, la luz y las sombras los que delimiten los espacios abiertos a la naturaleza.

The projects resulting from the collaborative talents and efforts between MONROY ARQUITECTOS and MCA Proyecto y Construcción, are largely characterized by their traditional Mexican architectural elements. Beauty, functionality and respect for nature are guiding principles for each project.

Excellent examples of different architectural genres, the finished works of this team reflect a sensibility for harmonizing their designs with the environment. They achieve this by taking advantage of the natural aspect of traditional materials and allowing mass, light and shadow to define the spaces open to nature.

pp. 137 a 143 Casa Rioseco, Fotógrafo - photographer. Rigoberto Moreno

GENARO NIETO ITUARTE

El excelente prestigio de GRUPO ARQUITECTÓNICA, que cuenta con varios años de trabajo y éxito constante, es el reflejo del profesionalismo y entrega del Arq. Genaro Nieto Ituarte, que ha sido baluarte importante e iniciador de esta firma de arquitectos, siempre comprometidos con los valores de la arquitectura, funcionalidad y estética, armonizados en cada una de sus creaciones.

A través del tiempo y la experiencia, este grupo de profesionales ha logrado amalgamar sus principios de diseño y a la fecha esta firma cuenta ya con un número importante de trabajos e igual cantidad de clientes satisfechos que viven y disfrutan de sus agradables espacios.

The high prestige of the design firm GRUPO ARQUITECTÓNICA is a reflection of the professionalism and dedication of company's founder, Genaro Nieto Ituarte, to a group of architects committed with integrating the harmonized values of architecture, functionality and esthetics into each one of their creations.

Through time and experience this firm has established its own set of design principles which has allowed it build a broad project portfolio and an equally diverse number of satisfied customers who live in and enjoy the pleasant spaces designed by this company.

p. 145 Casa Perros Bravos, Cd. Juárez, Chih. Fotógrafo - photographer. Paul Czitrom
pp. 146 a 149 Casa en Arcano, Ixtapa, Gro. Fotógrafo - photographer Ignacio Urquiza
pp. 150 y 151 Casa Los Papiros, Valle de Bravo, Edo. de México. Fotógrafo - photographer Paul Czitrom

ALEJANDRO RIVADENEYRA HERRERA

RIVADENEYRA ARQUITECTOS se funda en 1988, y a partir de ese momento desarrolla una amplia gama de trabajos que abarcan desde el interiorismo y la restauración de edificios históricos, hasta la arquitectura residencial y proyectos urbanos, en colaboración con los arquitectos Edgar López Pulido, Miriam Bobadilla C., Julieta Boy O., y Aarón Caballero Quiroz.

Su obra no se encasilla en un estilo o una corriente en particular, pero sí conserva algunas constantes, como la pertenencia al sitio, que se descubre en el uso de materiales y sistemas constructivos propios de la región, pero sobre todo en su preocupación por hacer una arquitectura cargada de coherencia histórica, donde la tecnología nunca pierde su condición de herramienta, donde el pasado se respeta y se convierte en maestro y donde los edificios forman parte de algo más importante que es la ciudad, o incluso la naturaleza.

Since it was founded in 1988, the design firm of RIVADENEYRA ARQUITECTOS, leaded by Alejandro Rivadeneyra -in collaboration with the architects Edgar López Pulido, Miriam Bobadilla C., Julieta Boy O., and Aarón Caballero Quiroz- has developed a diversity of projects that range from interiors to historical restorations, residential architecture to urban projects.

Although their work isn't limited to one particular style or trend, there are certain attributes consistent to all of their designs: sucha as the use of local building materials and systems to achieve a sense of place, and above all, a deep respect for Mexico's rich architectural tradition where technology never becomes more than a tool, where the past is honored for its role as master, and where buildings form part of a greater whole; -be it a city or even nature itself.

pp. 153 a 155 Rancho San Francisco, México, D.F.
p. 156 Casa en la Cima, México, D.F.
pp. 157, 158 abajo y 159 Casa en San Angel, México, D.F.
p. 158 arriba Casa en Jajalpa, Edo. de México. Fotógrafo - photographer. Luis Gordoa

MARCO ROCHA OCHOA

Con su claro lenguaje característico, MARCO ROCHA presenta obras de diferentes estilos que reflejan la personalidad y la imagen de los usuarios. Convencido de que el trabajo de un arquitecto es la creación de espacios que satisfacen necesidades, su principal preocupación es captar con claridad los requerimientos de su cliente y ante la disyuntiva de si las formas son más importantes que la función, opta por un equilibrio donde sus inclinaciones por la estética desemboquen en espacios capaces de provocar gratas sensaciones, siempre articulados por esquemas de franca funcionalidad.

La experiencia profesional de Marco Rocha incluye proyectos residenciales, comerciales y turísticos, entre los que sobresalen los realizados en la costa de Jalisco y la recuperación de antiguas haciendas en el sureste para convertirlas en espectaculares hoteles.

Characterized by his clear visual language, MARCO ROCHA skillfully uses different styles to reflect the personality of the homeowner. Guided by the conviction that an architect's mission is to create spaces that fulfill human needs, his main concern is to capture the combination of each client's unique requirements. Faced with the age old dilemma as to whether form is more important than function, he has achieved a balance that soothes and inspires within an articulate framework of functionality.

Marco Rocha's professional experience includes residential, commercial and tourism projects, standing out the one on the Jalisco coast and the recuperation of vintage haciendas which have been converted into elegant hotels.

pp. 161 a 163 Casa en Tepoztlán, México, D.F.
pp. 164 y 165 Casa Cerro Verde, México, D.F.
pp. 166 y 167 Casa Estribo, México, D.F. Fotógrafo - photographer. Luis Gordoa

JAVIER SORDO MADALENO

A partir de 1985, Javier Sordo Madaleno asumió la responsabilidad de continuar con el prestigio de la firma SORDO MADALENO, fundada por su padre en 1937. En su trayectoria personal sobresalen proyectos de todo tipo, como hoteles, centros comerciales, edificios públicos, residencias, clubes, iglesias, salas cinematográficas, entre otros. A través de la combinación innovadora de formas, materiales, luz, color y texturas, consigue crear un nuevo lenguaje arquitectónico que se caracteriza por su gran fuerza, originalidad y belleza.
Para dar expresión a sus preocupaciones estéticas y funcionales, Javier Sordo Madaleno se ha propuesto combinar experiencia y tradición con nuevas tecnologías, a fin de crear soluciones arquitectónicas exitosas, sobre bases cada vez más firmes.

In 1985, Javier Sordo Madaleno became the standard bearer for carrying forward the prestige of the SORDO MADALENO design firm created by his father in 1937. His personal achievements cover the scope of architectural challenges ranging from hotels, malls, public buildings, residences, clubs, churches, movie theaters, etc. Through the innovative combination of forms, materials, light, color and textures, he has created a new architectural language characterized by its power, originality and beauty.
To give expression to his esthetic and functional concerns, Javier Sordo Madaleno skillfully integrates experience and tradition with new technologies to create solid, successful architectural solutions.

pp. 169 a 173 Casa en las Lomas, México, D.F. Fotógrafo - photographer. Paul Czitrom
pp. 174 y 175 Casa Contadero, México, D.F. Fotógrafo - photographer. Ignacio Urquiza

ENRIQUE ZOZAYA DÍAZ

ZOZAYA ARQUITECTOS se ha constituido como una pequeña empresa integrada por arquitectos e ingenieros provenientes de diferentes universidades y estados de la república, que comparten el mismo interés por investigar y proponer nuevos métodos de construcción, respetando el entorno del paisaje tropical.

Para lograrlo han experimentado con todo tipo de maderas, piedras, barros y otros materiales de la zona y han aprendido de los lugareños las distintas formas de solucionar los espacios, aprovechando las condiciones del clima y las ventajas del entorno, para crear ambientes diferentes, con efectos especiales y mayor eficiencia en todos los aspectos de la construcción.

ZOZAYA ARQUITECTOS is a small design firm made up of architects and engineers from different states and universities in Mexico, all of whom share a passion for discovering and applying new building methods that will respect the integrity of tropical environments.

To achieve their mission these talented individuals have experimented with the full range of woods, stone, clays and other regional materials. In their pursuit they have gained a wealth of knowledge from local inhabitants, especially concerning different ways to solve spaces by taking advantage of climatic conditions and environmental attributes for creating unique atmospheres, special effects and greater efficiency in all aspects of the construction.

PP. 177 A 181, 183 Casa Anicca, Ixtapa, Zihuatanejo. Fotógrafo - photographer. Jaime Navarro
P. 182 Casa Palacitos, Ixtapa, Zihuatanejo, Fotógrafo - photographer. Luis Alonso

DIRECTORIO
DIRECTORY

JORGE ADLER ZASLAV
ADLER ARQUITECTOS

Palacio del Escorial No. 20,
Lomas Reforma, México, D.F., 11020,
Tels. 52.51.86.51. / 52.51.33.91.
Fax. 52.51.35.22.
E-mail: adlerarq@internet.com.mx

GUILLERMO ALMAZÁN CUETO
GERARDO VARELA ELIZONDO
GRUPO INMOBILIARIO ALCO

Independencia No. 106,
San Nicolás Totolapan Contreras,
México, D.F.,10900,
Tels. 56.30.25.18 / 13.83 / 28.93
56.45.40.06. Fax. 56.30.27.68.
E-mail: gpoalco@prodigy.net.mx

JAIME ARENA CERVANTES
ARENA ARQUITECTOS

Hernes J. Piper No. 9, PH 2 6to. piso,
Paseo de las Lomas,
México, D.F., 01330,
Tel. 52.92.40.46.Fax. 52.92.40.47.
E-mail: arena_arqs@terra.com.mx

MARIO ARMELLA MAZA
MARIO ARMELLA GULLETTE
ARMELLA ARQUITECTOS

Av. Revolución No.1909-10,
San Angel, México, D.F., 01090,
Tels. 55.50.02.92 / 05.49 - 56.16.41.08.
E-mail: armella@arquitectura.com.mx

ALEX CARRANZA VALLES
GERARDO RUIZ DIAZ
TARME - CARRANZA Y RUIZ ARQUITECTOS

Gobernador José Guadalupe
Covarrubias No. 57 –16,
San Miguel Chapultepec,
México,D.F., 11850,
Tels. 55.15.37.05 – 52.72.39.35.
Fax. 52.72.18.70.
E-mail: grd@tarme.com acv@tarme.com
ttarme@prodigy.net.mx

FERNANDO DE HARO LEBRIJA
JESÚS FERNÁNDEZ SOTO
OMAR FUENTES ELIZONDO
ABAX

Paseo de Tamarindos No. 400 B-102,
Bosques de las Lomas,
México, D.F., 05120,
Tels. 52.58.05.58
Fax. 52.58.05.56.
E-mail: abax@abax.com.mx

RODRIGO DE LA PEÑA LARRALDE

Río Guadalquivir Oriente No.112,
San Pedro Garza García,
Monterrey, Nuevo León,
Tels. (81) 83.78.20.27 / 28.27
Fax. (81) 83.78.28.37.
E-mail: rpl1964@sysop.com.mx
a_r_q@sysop.com.mx

JOSÉ DE YTURBE BERNAL
De Yturbe Arquitectos

Sierra Mojada No. 626, 2o. piso,
Lomas Barrilaco,
México, D.F., 11010,
Tels. 55.40.43.68 – 55.40.43.98.
Fax. 55.20.86.21.
E-mail: deyturbe@infosel.net.mx /
deyturbearq@prodigy.net.mx /
www.deyturbe.com

JORGE ESCALANTE PIZARRO
PEDRO ESCOBAR FDZ. DE LA VEGA
Arqee Arquitectura y Diseño

Unidad Torres Mixcoac edif. A12 desp.702,
Lomas de Plateros, México, D.F., 01490,
Tels.Fax. 56.51.33.21/ 20.65 - 56.51.31.17.
E-mail: arqee1@aol.com
www.arqee.com

FEDERICO GÓMEZ CRESPO A.
FEDERICO GÓMEZ CRESPO G.
Gomez Crespo Arquitectos

Guillermo González Camarena No. 500,
Centro de Ciudad Santa Fe,
México, D.F., 05500,
Tel. – Fax. 52.92.53.17.
E mail: fgomezc@hotmail.com

FRANCISCO GUZMÁN GIRAUD
ALEJANDRO BERNARDI GALLO
Artech

Prol. Paseo de la Reforma No. 1232,
Torre A - 4to. piso, Lomas de Bezares,
11910, México, D.F.,
Tels. 91.49.49.80 / 81 / 82.
Fax. 91.49.49.83.
E-mail: arqfguzman@aol.com.mx
abg@adetel.net.mx

JAIME GUZMÁN GIRAUD
FERNANDO OGARRIO KALB

Anatole France No.13,
Polanco, México, D.F., 11560,
Tels. 52.81.46.35 - 52.51.34.41.
E-mail: citabria@mexis.com

RICARDO LEGORRETA VILCHIS
VÍCTOR LEGORRETA HDZ.
NOÉ CASTRO CASTRO
Legorreta + Legorreta

Palacio de Versalles No. 285-A,
Lomas Reforma, México, D.F., 11020,
Tels. 52.51.96.98. Fax. 55.96.61.62.
E-mail: legorret@l+l.com.mx
gagrisi@l+l.com.mx

FRANCISCO LÓPEZ GUERRA A.
Loguer Arquitectos

Blvd. Adolfo López Mateos No. 2484,
San Angel, México, D.F., 01060,
Tels. 55.50.37.59 – 56.16.00.67.
Fax. 56.16.29.32.
E-mail: museotec@prodigy.net.mx

FERNANDO MARTÍNEZ BERLANGA

Bosque de Duraznos No. 69 -1108,
Bosques de las Lomas,
México, D.F., 11700,
Tels. - Fax. 55.96.20.90 - 52.51.26.23.
E-mail: fmartinez@ekonom.com

JOSÉ MIGUEL MONROY STRATIL
ANTONIO CARRERA
JORGE CARRERA
MONROY ARQUITECTOS

Paseo Finisterra No. 77,
Club de Golf Fonatour,
San José del Cabo, BCS.
Tels. (624) 143.18.05. Fax. (624) 143.20.31.

GENARO NIETO ITUARTE
GRUPO ARQUITECTÓNICA

Prolongación Paseo de la Reforma
No. 39 -208, Paseo de las Lomas,
México, D.F., 01330,
Tel. 52.92.00.56 - 52.92.39.31.
Fax. 52.92.36.81.
E-mail: gruparq@prodigy.net.mx

ALEJANDRO RIVADENEYRA H.
RIVADENEYRA ARQUITECTOS

Calzada de las Aguilas No. 550,
Ampliación Alpes, México, D.F., 01710,
Tels. 55.93.03.53 - 56.64.16.79.
Fax. 56.60.16.00.
E-mail: rivaden@prodigy.net.mx

MARCO ROCHA OCHOA
MARCO ROCHA ARQUITECCTOS

Alejandro Dumas No.91,
Polanco, México, D.F., 11560,
Tels. 52.80.99.43 ext. 10.
Fax. 52.80.97.83

Javier SORDO MADALENO
Sordo Madaleno Arquitectos

Paseo de la Reforma No. 2076 A,
Lomas de Chapultepec,
México, D.F., 11000,
Tels. 52.51.81.04. Fax. 55.96.69.95.
E-mail: arquitectos@sma.com.mx

ENRIQUE ZOZAYA DÍAZ
Zozaya Arquitectos

Centro Comercial Las Fuentes No. 10,
Ixtapa, Zihuatanejo, Guerrero
México, 40880,
Tels. (01755) 55.324.15 /
301.16 / 301.17.
Fax. (01755) 55.306.08.
E-mail: zar@cdnet.com.mx

Se terminó de imprimir en el mes de Octubre del 2002 en Toppan Printing Company, Hong Kong.
Su formación se llevó a cabo con el programa PageMaker, utilizando tipografías Optima y Veljovich.
Está impreso en prensa plana. El cuidado de la edición estuvo a cargo de Arquitectos Mexicanos Editores.
Esta segunda edición consta de *3,000 ejemplares.*